Markus Zollner

AF176932

Bittersüß

www.tredition.de

Für Aurelia

Inhalt

1

Ankunftslos

Niemals dort anzukommen
wohin man seit langem
unterwegs ist
kann ziemlich
ernüchternd sein

Man fragt sich zwangsläufig
wieso man überhaupt
losgegangen ist

Zielwertsuche

Ist es denn jedes Ziel wert
es zu suchen?

Oder macht einem oft
gerade die Suche nach unwerten Zielen
kaputt?

Die Kunst ist es doch
nur die Ziele die es wert sind
zu suchen

auch wenn man dabei
kaputt geht

Trugschluss

Man kann vielleicht
davonlaufen

und glauben
man ist entwischt

Nur (falls es klappen sollte)
wer garantiert mir

dass ich mitten im Nirgendwo
sicher bin?

Niederungen

Sie zu durchwandern
kostet in kürzester Zeit
unmenschlich viel Kraft

Man kann zwar versuchen
einen großen Umweg zu machen
ganz langsam
und Kraft schonend

Nur kommt man dann
jemals an?

Aussichtslos

Ist es töricht
zu glauben
das es
vielleicht anders geht?

Ist es töricht
zu glauben
das man
entkommen kann?

Ist es töricht
zu glauben
das man
nicht allein dasteht?

Es ist töricht
all das zu glauben
und doch
der einzige Weg

Typisch

Typischerweise
will man oft nur das
was man nicht bekommen kann

Typischerweise
merkt man meist zu spät
dass dies nicht geht

Typischerweise
bekommt man oft nur das
was man nicht vertragen kann

Typischerweise
merkt man dadurch
dass man lebt

Gedanken zum freien Willen

I.

Es gibt Tage
die brennen unter der Haut
wie Feuer

Nie enden wollend
Tag und Nacht
ein Kreis

Ein Kreis der Lust
oder der Last?

Oft genug
entscheidet darüber
nur unser Schicksal

II.

Schlussendlich
heißt es
ist es der menschliche Geist
der über alles entscheidet

Wie oft allerdings
frage ich mich
wird man zur freien Entscheidung
gedrängt?

III.

Frei in Gedanken
heißt nicht zwangsläufig
frei im Handeln

Allzu oft
befiehlt
der vermeintlich freie Wille
das Handeln
und verdammt Dich
zum tatenlosen Zusehen

Du verkommst zur Marionette
kannst Dich nicht wehren

kämpfst dagegen an
ohne Erfolg

Du wünschst Dir nur noch
bei Gott

es käme jemand
und befreie Dich

vom eigenen
freien
Willen

2

Zuviel

Zu viele Wünsche
zu viele Egos

zuviel Gerede
um den heißen Brei herum

Zuviel Nachsicht
oft auch Vorsicht

Zu viele Kompromisse
sind einfach dumm

Transparente Bereicherung

Einfach und transparent
sind Schlagwörter
die gerne genannt werden
um komplizierte Sachverhalte
ahnungslosen Menschen zu verkaufen

Einfach und transparent
bleiben schlussendlich
nur die Kontoauszüge der Betrüger

Lügenbande

I.

Lügner
sind mutlos

Die Feigheit geht Hand in Hand
mit ihren Lügen

Je länger der gemeinsame Weg
desto fester die Bande

II.

Lügen
zerstören

Langsam zersetzen sie
die vertraute Bande
sich liebender Menschen
wie Leichengift
tote Körper

Trügerischer Freund

Neid
ist ein subtiler Zeitgenosse

Völlig unbemerkt
schleicht er sich heran
und umhüllt den Verstand
mit Geschenkpapier
aus Missgunst

Wahrheit sucht Gerechtigkeit

Gerechtigkeit
ohne Wahrheit
ist großes Unrecht

Leider sucht Gerechtigkeit
nicht zwingend
nach Wahrheit

sondern umgekehrt
und oft
erfolglos

Rette sich wer kann

Tobend
sucht der Anfall

ein Tor
zum Ausfall

Süchtig
nach Wut

strotzend
vor Mut

tobt er hervor
durch das offene Tor

Hoffentlich sucht jeder
schleunigst
das Weite

Wutentbrannt

Wut ist schwer zu kontrollieren
ist sie erst einmal ausgelöst

von Personen
die es darauf anlegen

Jeder kennt sie

Es sind diejenigen
die nicht anders können

Man könnte meinen
es ist ihnen angeboren

jenes Talent
das Feuer in einem zu entfachen

Wichtig ist nur
die Flamme zu ersticken

bevor sie jemanden
oder schlimmer

einen selbst verzehrt

A Scherbnhaffa volla Glück

De Wäid wiad boid zum Scherbnhaffa
da magst einfach nur weggalaffa

I woas a ned an wos des liegt
dass so vui Not und Elend gibt

I woas nur dass zweng bassiert
dass wirkle jeda aaf da Wäid kapiert

dass so ned weida gehd wia im Moment
wal olle Leid bloß permanent

aaf ehran eigna Vorteil spichten
ois vaprassn und aaf nix vazichten

Bleibt des wias is, des derfst ma glaum
bricht ois amoi vollständig zamm

Du und i sitzma dann do
und schaun uns den Scherbnhaffa o

3

Erhofft

Es heißt ja „Unverhofft kommt oft"
doch wenn das stimmt

Wie oft
kommt dann erhofft?

Wahrscheinlich nicht so oft
wie unverhofft

Was mir aber nicht
die Hoffnung nimmt

Anvertrauen

Lass immer raus
was Dich beschäftigt

was Dich umtreibt
Tag und Nacht

Gib niemals auf
sei immer ehrlich

Vertrau aufs Herz
und Deine Seele lacht!

Respektvoll

Respekt zu haben, das ist nichts Schlimmes
Respekt zu haben gehört dazu

Ob vor Eltern, Tod oder dem Alter
Respekt zu haben ist kein Tabu

Respekt verdienen viele Dinge
Sei´s die Natur, der Mensch oder das All

Habt mehr Respekt - Ihr werdet merken:
Gelohnt wird´s Euch in jedem Fall

Eine Minute Zeit

Eine Minute Zeit
loszulassen

Eine Minute Zeit
Mut zu fassen

Eine Minute Zeit
Kraft zu schöpfen

Eine Minute Zeit
Durst zu löschen

Eine Minute Zeit
nachzudenken

Eine Minute Zeit
Wut zu senken

Eine Minute Zeit
reicht manchmal aus

um alles zu ändern

Weitblick

Neue Horizonte
eröffnen sich nur demjenigen
der es wagt
hinter die Kulissen zu blicken

Alle anderen
sehen die Welt
wie ein Theaterstück
aus der letzten Reihe

Zitterspiel

Gerade mal so hindrehen
gerade mal noch schaffen

Gerade mal so fertig sein
gerade mal noch machen

Gerade mal so weiterkommen
gerade mal noch schnell vorbei

Gerade noch das Ziel erreicht
gerade noch dabei

Ned aafgem

Irgendwia hob I des Gfui
dass nur bergob gehd
ganz gach
und ohne sichtbars End

De Frage is
ob ma davokimmt
wemma guad gnua bremst
und sie ned varennt

Wesentlich dabei
is schatze gor ned
ob des Schicksal is
oder selbst verschuldt

Wichtig is bloß
dass ma dagegn ogeht
egal wia hoad dass is
und wia weh dass duad

4

Kraftlos

Schwerkraft
drückt mich nieder

Fliehkraft
zieht mich weg

Will nur zu Dir
immer und immer wieder

Suche Dich rastlos
wenn Du mich nur lässt

Semikolon

Trennen
was zusammengehört

Spalten
was sich liebt

Dein Herz
für immer abgesperrt

Obwohl es nur
mich sieht

Verbundenheit

Neue Wege liegen vor uns
unberührt

Haben unsere Liebe nie zuvor
so stark gespürt

Gehen voran
Schritt für Schritt
ins unentdeckte Land

Knüpfen
Stück für Stück
ein lebenslanges Band

Ohne Dich

Ohne Dich
wär alles traurig
alles leer

Ohne Dich
wär alles ohne Sinn

Ohne Dich
macht nichts mehr Spaß
nicht mal das Meer

Denn Du
bist alles was ich bin

Nie weg

Ich bin
nie weg

Ich bin immer
bei Dir

Ich bin da
wo Du bist

Ich bin
weil Du bist

Abbild

Dein Bild
wird mein Bild
genauso wie
mein Bild
Dein Bild
wird

Dein Glück
ist mein Glück
genauso wie
Dein Herz
in meiner Trauer
ertrinkt

Die Liebe in
und zwischen uns
bewirkt
das der eine
des anderen
Abbild wird

Grüße von Daheim

Kann denn
allein der Gedanke
an Heimat
so schmerzen
dass man fast
zerbricht?

Kann denn
allein das Gefühl
von Heimat
so gut tun
dass man alles
vergisst?

Kann denn
allein die Natur
der Heimat
so schön sein
dass man weint
vor Glück?

Kann denn
allein die Heimat
so wichtig sein
wenn ich all das
vergesse
wenn du mich küsst?

Weggefährten

Treue Weggefährten sind sehr selten
die mich mein Leben lang begleiten
durch Dick und Dünn

Kamerad oder bester Freund das sind oft Welten
Freunde, die immer da sind, niemals streiten
mich akzeptieren wie ich bin

Treue Wegbegleiter sind selbst oft einsam
in sich gekehrt und meistens stumm

Manchmal frag ich mich wie das nur sein kann
dass das so ist und vor allem warum

niemand jemals am anderen zweifelt
und als gegeben hinnimmt was uns eint

Du bist mein Hammer und ich Dein Meißel
gegen jeden übermächt´gen Feind

5

Mutter Natur

Du kannst wahrscheinlich
eine Zeit lang davonkommen

Vielleicht sogar alt werden
und deshalb glauben
dass es auch ohne sie geht

Doch wenn Du sie stets ignorierst
sie nie respektierst

hast Du nichts begriffen
hast Du nichts gespürt
hast Du niemals gelebt

Frühlingserwachen

Alles grau
erwacht

Alles grau
wird grün

Alles grün
atmet ein

Farben
explodieren

Blenden Dich
und den
ganzen
kümmerlichen
Rest

Gipfel

Altehrwürdig

ist wohl das richtige Wort
um zu beschreiben
was man denkt
wenn man ihn von Weitem sieht

Grenzenlose Freiheit

sind wohl die richtigen Worte
um zu beschreiben
was man fühlt
wenn man auf ihm steht

Meine geliebte Isar

Bläulich grüne Kräusel
umspielen Deine Felsen

Weißer Schaum wie Schnee
tanzt auf Deinem Wasser

Glasklar strebst Du stetig
gegen Norden

Diese Kraft und Frische
Deine Trost spendende Güte

erschaffen mich
ein jedes Mal neu

Beschenkt

Soweit das Auge reicht
nur Meer

Sonnenstrahlen

streicheln Dich
und lassen

Millionen Diamanten

auf Dir tanzen
bis zum Horizont

Das ist

unendlicher Reichtum
direkt ins Herz

Ursprung

Nur Natur
erfreut das Herz
so sehr
dass der ganze Körper
vor Freude bebt

Nur Natur
lindert den Schmerz
so sehr
dass es wieder Sinn macht
dass man lebt

Nur Natur
das bist Du selbst
und zwar so sehr
dass alles
aus Dir entsteht

Vollkommen

Ich sehe nach draußen
und beobachte Kinder
die tanzen

Wie die Regentropfen auf Glas
direkt vor mir

Beide können in ihrer Anmut
nur Geschöpfe Gottes sein

Verwurzelung

Einsame Wege
voller Schnee
ganz unberührt

Habe mich nie zuvor
so tief in mir
gespürt

Gehe voran
Schritt für Schritt
ins unentdeckte Land

Knüpfe
Stück für Stück
ein lebenslanges Band

Kosmische Erwärmung

Sonnenwärme
trifft auf meinen Körper

durchdringt meine Haut
wandert weiter

Tief ins Innere
stößt sie vor

die Hitze
des Universums

Kalte Schauer
lassen mich erzittern

und verschaffen mir
etwas Kühlung

Mikro-Revolution

Zu behaupten
der Mensch
wäre im Universum
allein

wäre so
als ob sich eine Gehirnzelle hinstellt
und behauptet
sie wäre die einzige
weit und breit

Lehrstunde

Glühend rot
versinkt der Quell des Lebens
hinter dem Horizont
und lässt uns
in der lauen Abenddämmerung
mit unseren Gedanken
zurück

Später
taucht das Licht der Milchstrasse
die Neumondnacht
in majestätisches Licht
und lehrt uns zu begreifen
das unser Alles
gar nichts ist

6

Glaubensfrage

Hat man viel erlebt
was man gerade so
verkraften kann

egal ob Frau
oder auch
der starke Mann

kommt eigentlich immer irgendwann der Punkt
an dem man denkt:

Ist da niemand mehr, irgendetwas Höheres,
das mich lenkt?

Oder bin ich im Grunde
ganz allein?

Gar kein Schicksal
nur das bloße Sein?

Mein Kummer, meine Wut
der Hass, der Schmerz

wie viel davon
erträgt mein Herz?

Gibt es denn niemanden
der mich von all dem
erlösen kann?

Jemand der mich aufbaut
der mich trägt und schützt
mein Leben lang?

Ich gebe nicht auf
ich kämpfe weiter
trotz aller Fragen

Leicht wird es nicht
soviel ist sicher
das kann ich sagen

Unvermeidlich

Tendenziell
kann man davon ausgehen
dass Liebe
das Beste ist
was den Menschen passieren konnte

Tendenziell
muss man davon ausgehen
dass diese Liebe
die Menschen
nicht vor der eigenen Vernichtung retten wird

Kälte

Langsam schleicht sie
durch Deinen Körper

nimmt Dich in Besitz
Stück für Stück

Wenn sie letztlich
Deinen Geist erreicht
stehst Du dort schon
auf verlorenem Posten

Sanft nimmt sie Dich
an Deiner Hand
und führt Dich
in die Ewigkeit

Bis zuletzt

Torrerogleich
voller Mut und selbstbewußt

versucht man
ihn zu schwächen

ihn zu verletzen
und zurückzudrängen

bis er vermeintlich wehrlos
in einer Ecke steht

Stärker als zuvor jedoch
schlägt er zurück

durchbricht mühelos
die letzten Barrikaden

umklammert erbarmungslos
das bange Herz

und flüstert leise
„Du bist am Ziel"

Unterm Strich

Ein ganzes Leben

voller hoffen
bangen, streben

voller Liebe,
Freude, Leid
und Zorn

Der Blick

manchmal verwirrt
oft schweifend

selten hektisch
letztlich aber
stur nach vorn

So viele Fragen
zweifeln, grübeln

bis man schließlich
erschreckt erkennt

Unterm Strich
bleibt leider gar nichts

nicht einmal
das letzte Hemd

7

Ins Meer

Wellen tragen Traurigkeit
Traurigkeit
weg von mir
hin zu dir

Wellen voller Bitterkeit
tragen diese
hin zu dir
und weg von mir

Wellen tragen Einsamkeit
tragen Kummer, Jähzorn, Leid
weit weg von mir
und hin zu dir

Bis allein Glückseligkeit
alles ist
was bleibt

Kleinigkeit

Hoffnungslos
sieht der Blick
die Zukunft

registriert
die Ausweglosigkeit
des Seins

Wendet sich ab
sucht hilflos Beistand

findet nichts
als seelenlose Pein

Er wandert weiter
sucht Liebe, Glück
wenigstens Heiterkeit!

Eine noch so Klitzekleinigkeit
die ihn vom Trauerland befreit

Sockelbeitrag

Ein Grundstein der Verzweiflung
wurde früh gelegt in mir

Und ganz ohne mein Zutun
ich konnte nichts dafür

Der Grundstein der wuchs stetig
die Zeit verging Jahr ein Jahr aus

Nun ist es also fertig:
Ein wunderschönes Haus!

Traumlos

Zu träumen
was nie passiert
ist ernüchternd

Aber ist es nicht besser
zu träumen
was nie passiert

als nichts zu träumen
und einsam zu sein
in dunkelster Nacht?

Bittersüß

Trauer
in meiner Brust
überwältigt meine Gedanken

Tränen
schleichen sich langsam
aus meinen Augenwinkeln

Bittersüß
verzehrt sich meine Seele
nach jener Beklommenheit

Einsam

Einsam ist man schnell

Ehe man sich versieht
ist man allein

Allerdings
kann selbst die Einsamkeit

etwas Wunderschönes sein

Lichter der Großstadt

Ich finde mich
seelenverloren
inmitten von Millionen Seelen

Ich fühle Millionen von Seelen
verloren
in dieser seelenlosen Stadt

Sie macht einen
gedankenverloren
inmitten von Millionen Gedanken

All diese Gedanken
verloren
in einer einzigen Nacht

Ich fühle mich einsam
und verloren
inmitten von Millionen Lichtern

Habe alle Zweisamkeit
verloren
in dieser großen grellen Stadt

Kein Vergessen verzehrt

Erinnerungen auslösende Worte
bringen mich oft zurück
an Orte
an die ich nie wollte
damals nicht
wie heute

Hingegen wären oft
Erinnerungen auslöschende Worte
damals
wie heute
geradezu
ein Geschenk

Stückelung

Würde man
versuchen
die Leere
aus mir
herauszunehmen
und zu geben
an danach
sich sehnende
Menschen

Es würden
hunderte
davon satt

Verkehrte Welt

Schmerz
lässt mich
wie in Trance
gerade so
Balance halten
auf dem Grat
der alltäglichen
Routine

Würde er
verschwinden
gar in
Freude umschlagen
fiele ich
spontan überrascht
direkt
auf die Nase

Nicht fair

Nicht mehr glauben
nicht mehr hoffen

keine Träume mehr
und nichts als leer

Nicht mehr lieben
nicht mehr lachen

noch nicht mal Lebenswillen
das ist nicht fair

Will ich doch noch
ein wenig hoffen
ein wenig lieben
ein wenig lachen

Ein wenig träumen von
ein wenig Glück

Kreislauf

Das Grün
das uns das Leben schenkt
ist weit verzweigt
und riecht nach Glück

Das Gelb
das unser Leben nährt
ist wohlig warm
und spendet Licht

Das Schwarz
das unser Leben nimmt
ist unausweichlich
und unendlich leer

Das Weiß
das uns danach empfängt
ist voller Güte
und liebt nichts mehr

als Dich

Randspalt Licht

Dunkelheit
wird immer und irgendwie
durchbrochen
von einem
Randspalt Licht

Unrecht
wird immer und irgendwie
verurteilt
von einem
Randspalt Licht

Kälte
wird immer und irgendwie
erträglicher
durch einen
Randspalt Licht

Lass Dich
immer und irgendwie
geleiten
von Deinem eigenen
Randspalt Licht

Nachwort

Eigentlich sollte dieser Gedichtband „Gedanken zum Leben – Alltägliches emotional vertieft" heißen. Das trifft ziemlich genau den Kern der Sache, der Titel war nur leider zu lang und seien wir uns ehrlich, auch langweilig. Wenn man über das Leben und damit genau genommen über den Alltag schreibt (denn was ist Leben, wenn nicht Alltag?) konfrontiert man sich und den Leser mit der vollen Breitseite alltäglicher Glückselig- und Grausamkeiten. Der Mix der dabei entsteht ist schlussendlich immer bittersüß, irgendwie ist nichts nur schwarz oder weiß, alles Schlechte hat was Gutes und genauso ist es umgekehrt. Als ich so darüber nachdachte, war der richtige Titel für diesen Gedichtband gefunden. „Bittersüß" - und zwar so, wie ich es in meinem gleichnamigen Gedicht beschreibe. Komischerweise verzehrt sich die eigene Seele sehr häufig nach jener Beklommenheit, nach jenem bittersüßen Potpourri, das unser gesamtes Leben ausmacht.

Markus Zollner

1976 in Cham im Bayrischen Wald geboren, verbrachte er seine Kindheit in einer der schönsten Gegenden Bayerns. Nach seinem Studium der Betriebswirtschaftslehre begann er in der Medienbranche zu arbeiten. Zum Schreiben von Gedichten kam er erst spät, im Juli 2009. Völlig spontan, beim Blick durch das Fenster der S8, während einer Fahrt von Unterföhring zum Marienplatz, verfasste er im Geiste seine ersten beiden Gedichte und schrieb sie noch am gleichen Abend nieder. Durch zahlreiche Wanderungen mit seiner Frau Susanne, seiner Mutter Felicitas und Freunden ab dem Jahre 2008 kam etwas später in seinem Leben eine beginnende Verwurzelung zur Natur zustande, die in kurzer Zeit so stark wurde, das sie neben seiner Familie und Freunden den größten Platz in seinem Leben eingenommen hat.

Anmerkungen:

Das Gedicht „Verwurzelung" war der Ursprung für das
Gedicht „Verbundenheit". Der Leitgedanke war, dass der
Mensch in völliger Einsamkeit in sich hineinhorcht, sich als
Teil der Natur erkennt und mit ihr Stück für Stück ein
lebenslanges Band knüpft. „Verbundenheit" greift diesen
Gedanken wieder auf und überträgt ihn auf eine lebenslange
Partnerschaft.

Danksagungen:

Allen voran möchte ich meiner Mutter danken, die mich in
diese wundervolle Welt geboren und mich großgezogen hat.
Meine zahlreichen Wanderungen mit ihr im Bayrischen Wald
haben mich in meiner Verwurzelung zur Natur stark geprägt.

Ebenso danke ich meinem Vater, der mich immer unterstützt
hat und für mich da war.

Meiner Frau Susanne möchte ich für unsere wundervolle Ehe
und unsere liebreizende Tochter Aurelia Maria danken.

Ebenso gilt mein Dank meinen langjährigsten
Lebensbegleitern Max, Stefan, Andreas, Roland, Michael und
Rainer für alle Bereicherungen meines Lebens.

Auch meinen Freunden, die mich durch meine wunderschöne
Kindheit begleitet haben sei herzlich gedankt: Heike, Sandra,
Katrin, Christoph, Marion, Monika, Michael, Roman und allen
voran Martin, Du bist für immer in meinem Herzen.

Ein besonderer Dank geht an Matthias und seine Frau Sigrid,
die Susanne und mich völlig spontan zur ersten richtigen
Bergtour auf die Benediktenwand überredet und mir damit
eine völlig neue Welt eröffnet haben, die mich nie mehr
losgelassen hat.

Chronologie der Gedichte:

Kraftlos, Semikolon, Typisch am 10.07.2009;
Einsam, Ohne Dich, Erhofft am 16.07.2009;
Gipfel am 18.07.2009;
Mutter Natur am 20.07.2009;
Wutentbrannt, Trugschluß am 24.07.2009;
Beschenkt am 07.08.2009;
Töricht, Ankunftslos, Gedanken zum freien Willen I. und II. am
15.09.2009;
Weitblick im September 2009;
Überfall im Dezember 2009;
Kälte am 02.01.2010;
Mikro-Revolution am 03.01.2010;
Gedanken zum freien Willen III. am 08.02.2010;
Transparente Bereicherung am 10.02.2010;
Zitterspiel am 19.02.2010;
Verwurzelung, Verbundenheit am 22.02.2010;
Kein Vergessen verzehrt am 01.03.2010;
Randspalt Licht am 07.04.2010;
Wahrheit sucht Gerechtigkeit, Frühlingserwachen, Traumlos am
20.04.2010;
Bis zuletzt am 26.05.2010;
Kosmische Erwärmung am 29.06.2010;
Bittersüß am 13.07.2010;
Nie weg, Zersetzung, Lügenbande am 02.02.2011;
Unterm Strich, Stückelung am 05.02.2011;
Zuviel, Anvertrauen am 06.02.2011
Eine Minute Zeit am 04.03.2011
Ins Meer am 01.08.2011
Abbild am 07.10.2011
Glaubensfrage am 26.10.2011
Nicht fair am 26.10.2011
Weggefährten am 22.11.2011
Meine geliebte Isar, Zielwertsuche, Respektvoll am 27.11.2011
A Scherbnhaffa volla Glück am 09.12.2011
Rette sich wer kann am 23.12.2011;
Niederungen am 12.02.2012
Verkehrte Welt am 13.04.2012
Unvermeidlich am 17.04.2012
Ursprung am 18.04.2012
Grüße von daheim am 20.04.2012
Ned aafgem am 23.04.2012
Sockelbeitrag am 30.07.2012
Lichter der Großstadt und Kleinigkeit am 19.12.2012
Vollkommen, Lehrstunde und Kreislauf am 30.03.2013

www.tredition.de

Über tredition

Der tredition Verlag wurde 2006 in Hamburg gegründet. Seitdem hat tredition Hunderte von Büchern veröffentlicht. Autoren können in wenigen leichten Schritten print-Books, e-Books und audio-Books publizieren. Der Verlag hat das Ziel, die beste und fairste Veröffentlichungsmöglichkeit für Autoren zu bieten.
tredition wurde mit der Erkenntnis gegründet, dass nur etwa jedes 200. bei Verlagen eingereichte Manuskript veröffentlicht wird. Dabei hat jedes Buch seinen Markt, also seine Leser. tredition sorgt dafür, dass für jedes Buch die Leserschaft auch erreicht wird
Autoren können das einzigartige Literatur-Netzwerk von tredition nutzen. Hier bieten zahlreiche Literatur-Partner (das sind Lektoren, Übersetzer, Hörbuchsprecher und Illustratoren) ihre Dienstleistung an, um Manuskripte zu verbessern oder die Vielfalt zu erhöhen. Autoren vereinbaren unabhängig von tredition mit Literatur-Partnern die Konditionen ihrer Zusammenarbeit und können gemeinsam am Erfolg des Buches partizipieren.
Das gesamte Verlagsprogramm von tredition ist bei allen stationären Buchhandlungen und Online-Buchhändlern wie z. B. Amazon erhältlich. e-Books stehen bei den führenden Online-Portalen (z. B. iBookstore von Apple) zum Verkauf.
Seit 2009 bietet tredition sein Verlagskonzept auch als sogenanntes "White-Label" an. Das bedeutet, dass andere Personen oder Institutionen risikofrei und unkompliziert selbst zum Herausgeber von Büchern und Buchreihen unter eigener Marke werden können. Mittlerweile zählen zahlreiche renommierte Unternehmen, Zeitschriften-, Zeitungs- und Buchverlage, Universitäten, Forschungseinrichtungen, Unternehmensberatungen zu den Kunden von tredition. Unter www.tredition-corporate.de bietet tredition vielfältige weitere Verlagsleistungen speziell für Geschäftskunden an. tredition wurde mit mehreren Innovationspreisen ausgezeichnet, u. a. Webfuture Award und Innovationspreis der Buch-Digitale. tredition ist Mitglied im Börsenverein des Deutschen Buchhandels.

Zeitfracht Medien GmbH
Ferdinand-Jühlke-Straße 7
99095 Erfurt, Deutschland
produktsicherheit@kolibri360.de